Programação para uma Mente Criadora

RECONECTANDO A PRÓPRIA ESSÊNCIA

Editora Appris Ltda.
1.ª Edição - Copyright© 2022 da autora
Direitos de Edição Reservados à Editora Appris Ltda.

Nenhuma parte desta obra poderá ser utilizada indevidamente, sem estar de acordo com a Lei nº 9.610/98. Se incorreções forem encontradas, serão de exclusiva responsabilidade de seus organizadores. Foi realizado o Depósito Legal na Fundação Biblioteca Nacional, de acordo com as Leis n.os 10.994, de 14/12/2004, e 12.192, de 14/01/2010.

Catalogação na Fonte
Elaborado por: Josefina A. S. Guedes
Bibliotecária CRB 9/870

S586p
2022
	Andrade, Cinthia
	  Programação para uma mente criadora / Cinthia Andrade. - 1. ed. - Curitiba : Appris, 2022.
	    43 p. ; il., color. ; 21 cm.
	
	    Inclui bibliografia.
	    ISBN 978-65-250-2230-7
	
	  1. Programação neurolinguística. 2. Consciência. I. Título.
	
	                                                              CDD – 185.1

Appris
editora

Editora e Livraria Appris Ltda.
Av. Manoel Ribas, 2265 – Mercês
Curitiba/PR – CEP: 80810-002
Tel. (41) 3156 - 4731
www.editoraappris.com.br

Printed in Brazil
Impresso no Brasil

Programação para uma Mente Criadora

RECONECTANDO A PRÓPRIA ESSÊNCIA

Por Cinthia Andrade

"Viver é aprender pelo caminho do amor e entender que somos criadores da nossa própria realidade."

FICHA TÉCNICA

EDITORIAL	Augusto V. de A. Coelho
	Marli Caetano
	Sara C. de Andrade Coelho
COMITÊ EDITORIAL	Andréa Barbosa Gouveia - UFPR
	Edmeire C. Pereira - UFPR
	Iraneide da Silva - UFC
	Jacques de Lima Ferreira - UP
ASSESSORIA EDITORIAL	Lucas Casarini
REVISÃO	Andréa L. Ilha
PRODUÇÃO EDITORIAL	Bruna Holmen
DIAGRAMAÇÃO	Jessica Zanon Baja
CAPA	Gustavo Benatti
ILUSTRAÇÕES	Freepik
COMUNICAÇÃO	Carlos Eduardo Pereira
	Karla Pipolo Olegário
LIVRARIAS E EVENTOS	Estevão Misael
GERÊNCIA DE FINANÇAS	Selma Maria Fernandes do Valle

Dedicatória

A todos que estão no caminho do despertar de consciência.

Agradecimentos

Agradeço ao universo que me proporcionou estar aqui na Terra vivendo essa experiência rica em aprendizado.

Agradeço a minha família que pacientemente me deixou viver cada escolha e processos da minha vida.

Ao Luciano Garcia, meu esposo, que nunca desistiu de mim e sempre me incentivou a usar as minhas habilidades.

Aos meus filhos, grandes instrumentos desafiadores que me movimentaram e me fizeram perceber o que realmente é amor incondicional.

Aos professores do Instituto de Bem com a Vida, especialmente a Professora e Orientadora Vânia Lucia Slaviero, por proporcionar tamanho conhecimento da mente humana e ressignificar em mim a busca do autoconhecimento.

Ao Gilberto Garcia, educador que incentivou e auxiliou nas habilidades acadêmicas para a realização deste livro.

Gratidão aos meus amigos, alunos e clientes que confiaram nas minhas atividades, propiciando esse singelo trabalho.

Cinthia Andrade

Prefácio

Paralelamente às ciências tradicionais que pesquisam o comportamento humano, a neurolinguística é um campo do saber que surgiu no final do século XIX, ainda muito ligada aos estudos neurológicos dos usos e distúrbios da fala e da linguagem. Com o tempo, a neurolinguística se desenvolveu por associação a outros campos de estudos e, atualmente, é considerada uma ciência de vasta amplitude de pesquisa e de grande interação com outras ciências. A chamada Programação Neurolinguística, advinda mais recentemente, é um método de abordagem que emerge das bases da neurolinguística e tem por fundamento a ideia de que existe uma conexão entre a área neurológica do cérebro (e todos os tipos de linguagem) e os padrões do comportamento humano.

Hoje, o estado da arte da Programação Neurolinguística nos revela uma ciência voltada ao entendimento das ações cerebrais, ao estudo das tomadas de decisões e aprendizagem. Como método, tem sido uma ferramenta eficaz para mudar a forma como as pessoas agem e influenciam outras pessoas.

Programação para uma mente criadora é a publicação de estreia de Cinthia de Andrade e Silva no campo da Programação Neurolinguística, na qual a autora nos apresenta, de modo prático e descomplicado, o autoconhecimento por meio da percepção mental, com vistas a proporcionar mudanças pessoais de comportamento, de forma rápida e acessível.

Como todo trabalho nesse campo de pesquisa, o texto da autora é voltado ao autodesenvolvimento. As técnicas que utiliza para esse propósito podem ser consideradas de fácil memorização e aplicação. Desde o início de sua leitura, parece compreensível ao leitor que a aplicação de certas técnicas pode levar a mudanças de hábitos e comportamentos e, consequentemente, trazer benefícios evidentes não só para a pessoa, mas para as outras com as quais ela convive.

A metodologia definida pela autora se baseia numa construção lógica de 21 dias de exercícios, em sequência progressiva, com orientações para um comportamento pessoal equilibrado, sempre em sintonia com diferentes processos vitais humanos correlacionados entre si, e ao mesmo tempo conectados aos processos de outras pessoas, com o ambiente ao redor e, enfim, com o próprio universo. No desempenho dos exercícios diários, atividades já efetuadas são novamente retomadas, como chaves de abertura para outras novas atividades, num ciclo de experiência criativo e libertador.

Os exercícios, distribuídos ao longo do período sugerido, contam com diferentes técnicas da neurolinguística para a promoção das mudanças comportamentais pretendidas. Eles procuram atuar sobre aquela programação que o cérebro recebeu dos estímulos dos cinco sentidos, e que produziu modelos emocionais, comportamentais e de comunicação inconsciente no dia a dia das pessoas.

Nesse sentido, a autora obtém êxito em selecionar e exemplificar quais as técnicas para os exercícios diários. Destaco, entre outras, a técnica da âncora, ou do apoio a uma imagem positiva, como recurso para que as pessoas possam restabelecer seus sentimentos e emoções; também a técnica da metáfora, quando o leitor, ao se identificar com uma comunicação indireta, deverá replicar, sem perceber, a história, de forma implícita, trabalhando sua mudança de crenças e comportamento. Por fim, a técnica da ressignificação, que parte do pressuposto de que as pessoas têm escolhas e podem mudar o significado de uma circunstância negativa, e que consiste em estimular a pessoa a procurar o lado bom de uma experiência aparentemente adversa.

Ao compartilhar esta obra com profissionais e pessoas interessadas nos efeitos terapêuticos da Programação Neurolinguística, Cinthia espera contribuir com os principais propósitos dessa ciência, que consistem na composição de uma terapêutica capaz de preparar a mente das pessoas para reagir, dinamicamente, a um mundo em constante transformação, e na capacidade de, por meio de técnicas específicas, usar as dificuldades pessoais a favor da pessoa e transformá-las em aprendizado. Também espera contribuir para o estudo continuado sobre a função e a prática da Programação Neurolinguística. Trata-se de uma leitura salutar disposta ao desenvolvimento de exercícios comportamentais propositivos, necessariamente recomendáveis para os tempos atuais.

Prof. Dr. Gilberto Garcia
Reitor da Universidade São Francisco

Sumário

Agradecimentos 6
Prefácio. 7
Apresentação 10
Dia 1. 12
Dia 2 13
Dia 3 14
Dia 4 15
Dia 5 16
Dia 6 17
Dia 7 18
Dia 8. 19
Dia 9 20
Dia 10. 21
Dia 11 22
Dia 12. 23
Dia 13. 24
Dia 14. 25
Dia 15 26
Dia 16 27
Dia 17. 28
Dia 18. 29
Teste de programação neurolinguística 31
Dia 19 32
Dia 20. 33
Dia 21 34
Conclusão 36
Biografia. 38
Referência Bibliográfica 40

Apresentação

Este conteúdo visa trazer elementos de fácil entendimento e aplicação do método para o despertar da consciência e perceber o quanto somos capazes de ser feliz aqui na terra.

As minhas vivências, com o amparo da programação neurolinguística, me proporcionaram muito bem-estar, quando, após a aplicação em mim, o método foi executado em um projeto escolar com supervisão do Instituto de Bem com a Vida e com pessoas no ambiente de consultório, em conjunto com terapias integradas.

Todo conhecimento espiritual, moral e ético, encontrou embasamento nas mudanças de atitudes comportamentais, as quais, tiveram realmente um significado efetivo na minha vida e na de outras pessoas.

Cada dia apresenta uma mensagem e traz um exercício a executar de maneira didática e prática. A partir da primeira vez em que se utilizar a programação do dia, é importante dar prosseguimento à sequência dos demais dias, e, após o período completo de 21 dias, pode-se utilizar aleatoriamente qualquer programação diária anterior como sugestão para um outro dia.

Tudo o que está descrito nesse passo-a-passo faz parte de uma reprogramação mental, que será realizada por você mesmo, e que traz reflexões com vistas a ampliar sua forma de ver o mundo e as pessoas.

Observe cada dia, mesmo que pareça não fazer sentido no momento. No dia seguinte tudo fará sentido. A paciência em aguardar cada dia é considerável para a fixação dessa programação e autoconhecimento.

Muito importante, ao realizar as atividades antes de dormir, desligar a televisão e se desvincular do celular ou qualquer outro aparelho eletrônico, pois tais equipamentos emitem ondas eletromagnéticas, que prejudicam o êxito do processo.

Respire profundamente antes de iniciar cada leitura, busque um local acolhedor e silencioso para meditar os ensinamentos. Procure se conectar consigo mesmo e com sua própria essência. Perceba as respostas surgindo com facilidade e alegria.

Existe um horizonte cheio de possibilidades aguardando o seu despertar.

Gratidão!

21
dias

Dia 1

Parabéns! Já por iniciar essa nova jornada quer dizer que você tomou a decisão de ser feliz e de ressignificar a sua vida com facilidade.

Tudo o que você aprendeu até hoje são elementos de composição, os quais moldaram um caráter e atraíram situações baseadas nesse aprendizado.

Hoje, você começará uma nova jornada para escolher as situações que quer atrair para a sua vida.

PRIMEIRO EXERCÍCIO:

- Faça-o no período da manhã;
- Escolha três palavras que gostaria de ter como habilidade ao amanhecer o dia;
- Faça três respirações profundas;
- Inspire outra vez e, simultaneamente, mentalize as três palavras;
- Faça a inspiração junto com as palavras por dez vezes;
- Emita o som da letra "A", ao expirar.

COMANDO DO DIA:

Hoje eu me abro para ver, ouvir e sentir, o que o universo tem para me ensinar.

Dia 2

Hoje você vai silenciar-se e apenas ouvir. Não importa se concorda ou não com as pessoas. Importa ser um bom ouvinte.

Cada pessoa pensa e age de acordo com sua própria vivência e o que aprendeu ao longo da sua singularidade de jornada, incluindo você.

Esse é o primeiro teste para saber se você valoriza ter razão ou prefere ser feliz. Fique observador do seu próprio ego (eu) para reconhecer, aceitar e modificar o que precisa.

SEGUNDO EXERCÍCIO:

- Repita o primeiro exercício para começar o dia;
- Faça o mesmo antes de dormir, com escolha de palavras relaxantes, como por exemplo: calma, tranquilidade e descanso.

COMANDO DO DIA:

Eu aprendo ouvir e escuto com empatia.

Dia 3

No dia de hoje está vedada qualquer reclamação. Reclamar significa exigir, pedir, reivindicar, suplicar e insistir. Clamando para continuar acontecendo. Logo, se reclamar, o universo enviará novamente, pois ele entende como um pedido.

Tudo o que reclamamos está em sintonia com o poder da mente e do universo, os quais restituem exatamente conforme pedimos.

Se algo acontecer em desacordo com suas aspirações agradeça e pense no que você realmente quer e não naquilo que você não quer.

Exemplo: "Nunca consigo uma boa vaga no estacionamento.". Pensar assim: "Eu agradeço a boa vaga no estacionamento."

TERCEIRO EXERCÍCIO:

- Repita o segundo exercício;
- Pergunte ao universo, a cada ocorrência do dia, "como pode melhorar?".

COMANDO DO DIA:

Eu aceito e agradeço pelos presentes que o universo pode me oferecer.

Dia 4

Nosso cérebro não registra a palavra "NÃO". Quer ver? NÃO pense em um elefante. (Dê uma pausa) O que aconteceu? Você pensou automaticamente em um elefante. Porque estamos condicionados pelas motivações das palavras, segundo estudos neurológicos comprovados.

Um comando reverso, por exemplo: "Não pule na cama" para uma criança, instiga que ela continue a manter o mesmo comportamento, ou seja, não é uma desobediência e sim um comando comportamental do cérebro.

Palavras como "Eu não quero que pule na cama" será entendido pelo cérebro "Eu quero que pule na cama", então o que dizer? A cama é um local para deitar e dormir, vamos relaxar? Ou "Vamos pular lá fora?" Ou ainda "vamos pular na cama elástica?".

QUARTO EXERCÍCIO:

- Repita o terceiro exercício;
- Remova a palavra NÃO do seu vocabulário na formação de frases.

COMANDO DO DIA:

Eu crio a minha existência com prosperidade e abundância em todas as áreas da minha vida.

Dia 5

Hoje vamos nos concentrar no que você poderia se tornar para ser alguém mais assertivo. O que gostaria de ser? O que gostaria de ter? Como deveria se portar?

Mentalize em como seria feliz se conseguisse algumas habilidades que pensa não possuir. Deixe sua dimensão mental idealizar as habilidades e conquistas em todas as áreas de sua vida.

QUINTO EXERCÍCIO:

- Repita o quarto exercício;
- Escreva cinco frases que você deveria ser;
Exemplo: "Eu deveria ser mais calmo."
- **Leia em voz alta antes de ler a próxima etapa;**
- Risque, agora, todas as expressões "deveria";
- Substitua a palavra "deveria" por seguintes opções: posso, consigo ou quero. Exemplo: "Eu quero ser mais calmo.";
- Leia novamente com as palavras corrigidas.

COMANDO DO DIA:

Eu POSSO ser cada vez melhor, melhor e melhor.

Dia 6

A palavra "deveria" é um futuro do pretérito que o cérebro não compreende "quando" isso poderia ter acontecido. Certamente, "eu deveria ser calmo" é uma condição que não poderá se realizar. Já a frase "Eu quero ser mais calmo" está no presente, aqui e agora.

O cérebro, com afirmação no presente, começa a trabalhar para que isso se torne realidade, se fizermos as repetições necessárias para o registro, ou algo significativo.

A ciência da neurolinguística mostra que aprendemos por forte e significativo acontecimento, até mesmo por traumas ou por repetição. Por isso o sentido de se indicar vinte e um dias de repetição.

SEXTO EXERCÍCIO:

- Repita o quarto exercício;
- Tome as cinco frases positivas feitas no presente, do quinto exercício.
- Faça, com sua grafia, um cartaz com essas frases;
- Coloque o cartaz num lugar visível, na altura dos olhos, como: no quarto, junto ao espelho, no banheiro etc.
- Leia em voz alta duas vezes por dia.

COMANDO DO DIA:

A minha realidade é o presente momento e eu desfruto cada instante com Amor.

Dia 7

Somos seres com os sentidos básicos de ver, ouvir, falar e sentir. Ao trabalharmos todos esses sentidos em conjunto, podemos potencializar nossas ações cerebrais.

Ao afirmar, em voz alta, o nosso desejo, programamos, simultaneamente, nosso cérebro e encaminhamos a intenção do desejo para o universo.

Ao reclamar somos "ouvidos", quando clamamos pelo que queremos também seremos "ouvidos".

SÉTIMO EXERCÍCIO:

- Repita o sexto exercício;
- Pergunte para o universo, quando algo bom acontecer: "Como pode melhorar ainda mais?".

COMANDO DO DIA:

O que posso ser e fazer para eu ser mais alegre e divertido?

Dia 8

Agora que você já sabe como manter a mente saudável, você observará ações positivas das pessoas ou posturas que admira nelas.

Tudo o que vemos nas pessoas, existe em nós em alguma proporção, as vezes tão inconscientemente, que não as identificamos.

Ao olhar para o próximo, vê a si mesmo. Perceba em que momentos da vida você também faz ações admiráveis.

OITAVO EXERCÍCIO:
- Repita o sétimo exercício;
- Elogie três ou mais pessoas no dia de hoje.

COMANDO DO DIA:
Eu escolho ser o amor incondicional em movimento.

Dia 9

Comprovadamente pela física quântica, somos seres energéticos. Tudo o que emitimos, recebemos na proporção da intensidade da emissão.

Se desejamos justiça na forma humana ou divina, recebemos essa mesma justiça em nossas ações equivocadas. Podemos, simplesmente, optar por desejar aprendizado com amor e luz para os outros. Dessa forma, também receberemos amor e luz.

Desvincularmos do que os outros fazem é um grande princípio libertador, e agir com compaixão e altruísmo nos preenche de paz.

NONO EXERCÍCIO:
- Repita o oitavo exercício;
- Mentalize, sempre quando alguém fizer algo diferente do que faz sentido para você, a seguinte frase: "Interessante ponto de vista.".

COMANDO DO DIA:
Quais pontos de vista limitantes que impedem a minha prosperidade?

Dia 10

Somos programados, desde a infância, a julgar que quem faz diferente "não está cumprindo as regras".

Ao utilizarmos a frase "Interessante ponto de vista", substituímos o julgamento por uma possibilidade de aceitar ou não o que o outro faz.

Exemplo: Quando vemos alguém jogar uma lata usada na rua, esse ato pode nos parecer incorreto segundo nossa educação de separar o lixo. Mas, para a pessoa que joga a lata "alguém vai juntá-la e fazer um bom uso do material". Qual informação está certa?

DÉCIMO EXERCÍCIO:

- Repita o nono exercício;
- Repita a cada vez que for beber água: "Eu me amo e me aprovo.".

COMANDO DO DIA:

Tudo está certo.
Tudo está errado.
Nada está certo.
Nada está errado.

Dia 11

Quando você se avalia e percebe que tem postura ética e ecológica, deve manifestar gratidão e nutrir amor-próprio por ser quem é.

Os outros não precisam agir e nem pensar como você, afinal, nem tudo está certo e nem tudo está errado.

Amar-se, por contribuir para um mundo melhor e mais harmônico, é o que dá sentido à vida e o que traz a sensação de felicidade com simples escolhas.

DÉCIMO PRIMEIRO EXERCÍCIO:

- Repita o décimo exercício;
- Fique por quinze minutos, antes de dormir, pensando em suas melhores atitudes.

COMANDO DO DIA:

Estou me libertando e me transformando com Confiança, Amor e Gratidão.

Dia 12

Os últimos quinze minutos de pensamentos do dia são as memórias que se perpetuarão no cérebro durante a noite.

Nossa disposição, ao acordar, está relacionada com nossas ações antes de dormir. Por esse motivo, devemos nos cuidar em não levar para a cama situações problemáticas, discussões familiares, conflitos ou mesmo informações de mídias.

Os problemas devem ser resolvidos durante o dia e, de preferência, em um espaço neutro. Desse modo, quando deixar o local, levará apenas a solução ou deixará nele o que ainda não foi resolvido.

DÉCIMO SEGUNDO EXERCÍCIO:

- Repita o décimo primeiro exercício;
- Faça o seguinte pedido ao universo: "Eu, (nome completo), me coloco à disposição para ser e receber toda abundância que o universo pode me oferecer.".

COMANDO DO DIA:

No silêncio interior Eu Sou a conexão plena e consciente.

Dia 13

Talvez algumas atitudes alheias ainda incomodem seu inconsciente, trazendo irritação, decepção ou julgamentos.

Lembre-se que tudo o que vê no outro há em você, não exatamente sob a mesma situação, mas em alguma área de sua vida.

Por exemplo: Quando alguém rouba algo e isso te deixa nervoso(a) ou irritado(a), você pode estar inconscientemente roubando alguma verdade de si mesmo.

DÉCIMO TERCEIRO EXERCÍCIO:

- Repita o décimo segundo exercício;
- Faça uma lista das pessoas que te fazem sentir desconforto (podem ser familiares, amigos, colegas de trabalho, políticos, celebridades etc.).

COMANDO DO DIA:

Hoje começo o perdão por mim mesma(o), reconhecendo que estou em aprendizado.

Dia 14

Quando você vive plenamente sua vida, aquilo que os outros fazem não interferem mais em seus sentimentos, porque já aprendeu que cada ser aprende de uma forma, em sua própria experiência e em seu tempo.

Você, de modo consciente, percebe que também está em processo de aprendizagem e que pode criar uma vida mais próspera e abundante; que tudo o que fez, até hoje, sempre foi em função de fazer o certo e que a intenção final é a de ser feliz e de se realizar, assim como as outras pessoas. Não precisamos entender os caminhos escolhidos pelos outros, porque também desconhecemos os nossos.

DÉCIMO QUARTO EXERCÍCIO:

- Repita o décimo terceiro exercício;
- Pegue a listagem do décimo terceiro exercício e fale, em voz alta, várias vezes: "Eu sinto muito, me perdoe, eu te amo, eu sou grato.".

COMANDO DO DIA:

A minha alegria só depende de mim. Escolho viver alegremente.

Dia 15

No dia de hoje vamos recordar algumas crenças que limitam nossos pensamentos de ter uma vida saudavelmente feliz.

Aquelas expressões que nos foram ditas na infância: "vou te dar isso, mas você não merece", "você tem que raspar o prato", "não suba, senão você cai", "nossa, igualzinho a fulano", "puxou a beltrano" etc.

Todos esses comandos foram guardados em seu cérebro inconscientemente, também mantidos por seus familiares antepassados ou por aqueles que nos criaram e que os reproduziram impensadamente.

DÉCIMO QUINTO EXERCÍCIO:

- Repita o décimo quarto exercício;

- Diga , em pensamento ou em voz alta, quando te vier um pensamento limitante ou padronizado: "Oi pensamento! Obrigado pensamento! Tchau pensamento!".

COMANDO DO DIA:

Libero toda a programação negativa que fizeram para mim. Agora, escolho ser livre.

Dia 16

Quando pensamentos limitantes ocorrerem, procure observá-los com bastante atenção. Assim, você consegue fazer com que eles possam ir embora.

Lembre-se que quando negamos, conforme explicado anteriormente sobre a palavra "não", o universo continua aceitando como um pedido, então, você pode acolher esse pensamento e depois deixar que ele vá embora.

Aceitar o sentir é o primeiro passo para o autoconhecimento. Você, que já aprendeu a descartar o julgamento, pode fazer isso por você mesmo? Sim, "eu me amo e me aprovo".

DÉCIMO SEXTO EXERCÍCIO:

- Repita o décimo quinto exercício;
- Faça uma lista de, pelo menos, cinco crenças limitantes. Exemplo: "Eu tenho dificuldade para aprender.".

COMANDO DO DIA:
Como usar a minha intuição para vencer as minhas dificuldades?

Dia 17

"Pensamento e matéria ocupam lugar no espaço". Sendo assim, podemos usar uma crença limitante e ressignificá-la, de forma a trabalhar a mente a nosso favor.

Saber o que é uma crença limitante é o grande primeiro passo. Significa algo que te foi dito em um passado e que você acreditou e conservou como uma verdade.

Você pode transformar cada crença negativa em crença positiva, despertando o seu cérebro a liberar esse poder de consciência. Substitua "eu espero" por "eu sei", "quando eu conseguir" por "eu consigo", "estou tentando" por "estou fazendo".

DÉCIMO SÉTIMO EXERCÍCIO:

- Repita o décimo sexto exercício;
- Use a listagem do décimo sexto exercício e reescreva as crenças limitantes. Exemplo: "Eu tenho dificuldade para aprender, mas me É POSSÍVEL E EU CONSIGO.".

COMANDO DO DIA:

O que preciso despertar em mim, para me sentir forte o suficiente, para me transformar?

Dia 18

Existem diversos modos de aprender: o visual, o auditivo e o cinestésico. Cada pessoa tem uma, duas e até as três habilidades em determinado grau. Isso demonstra nossas diferenças de aprendizados de lições da vida como um todo.

O visual aprende olhando, o auditivo, ouvindo e o cinestésico, fazendo. Ao identificar como você aprende, você poderá perceber mais satisfatoriamente as pessoas a sua volta e conseguir se comunicar melhor.

Segundo estudos realizados pelo estudioso da comunicação não-verbal, professor Albert Mehrabian (1967), a comunicação humana é dividida na seguinte regra: 7% as palavras que usamos, 38% pelo tom da voz e 55% pela expressão corporal.

DÉCIMO OITAVO EXERCÍCIO:

- Repita o décimo sétimo exercício;
- Faça o teste para identificar a sua forma de aprender. Anote na última linha a quantidade escolhida de palavras de cada grupo.

COMANDO DO DIA:

Vejo, escuto e sinto tudo, com empatia.

Teste de programação neurolinguística

Escolha quinze palavras rapidamente (sem pensar), com as quais você mais se identifica:

GRUPO A	GRUPO B	GRUPO C
Quente	Música	Brilhante
Frio	Falar	Bonito
Saboroso	Cantar	Colorido
Gostoso	Leitura	Aparência
Fresco	Tom de voz	Escuro
Abraçar	Memória	Bem vestido
Intuição	Silêncio	Nítido
Pegar	Escuta	Olha
Sólido	Descreve	Observa
Concretizar	Afina	Claro
Total:	Total:	Total:

O grupo com maior número de palavras escolhidas é o seu resultado. Se houve dois grupos mais assinalados, você pode ter duas habilidades. Mas, se isso ocorreu nos três grupos, parabéns! Você tem um grande senso de empatia.

Aguarde o próximo dia para saber mais sobre você!

Dia 19

O grupo A corresponde ao das pessoas cinestésicas que aprendem fazendo. São motivadas por expressões e toques. São sensitivos e intuitivos, gostam de pessoas e tem expressões corporais mais lentas.

O grupo B corresponde aos auditivos. Aprendem ouvindo e falando; são ótimos memorizadores. Pensam para falar e usam tom médio de voz. Gostam de conversar e tem bom vocabulário.

Por fim, o grupo C corresponde aos visuais. Estes gostam do belo e memorizam imagens com facilidade. Ao contrário dos cinestésicos, não gostam muito de toque. Falam alto e geralmente são organizados e rápidos.

DÉCIMO NOVO EXERCÍCIO:

- Repita décimo quinto exercício;
- Acrescente uma frase ao seu cartaz:
  "Tenho interesse genuíno pelo próximo".

COMANDO DO DIA:

Tudo tem um propósito inteligente e eu posso compreender isto cada vez mais.

Dia 20

A seguinte crença limitante: "Fazer ao outro como gostaria que fizesse comigo" é facilmente derrubada quando percebemos que há modos diferentes de aprendizado e diferentes níveis de gosto entre as pessoas sobre um mesmo fato.

O mesmo abraço que um cinestésico adoraria receber, um visual não. Então, ressignificamos essa crença em: "Fazer ao outro o que ELE gostaria de receber".

Observar mais nos permite melhorar nossa comunicação e ampliar a visão de mundo com maior praticidade e abundância.

VIGÉSIMO EXERCÍCIO:

- Repita o décimo quinto exercício;
- Pergunte, a cada limitação que ocorrer: "O que me impede?". Enquanto persistir a limitação, mantenha a pergunta: "O que me impede?"; até se chegar à solução do problema. Exemplo: Não consigo emagrecer. O que me impede? Minha má alimentação! Como supero o problema? Com melhor alimentação.

COMANDO DO DIA:

O que é amor para mim? Eu consigo amar e ser amado?

Dia 21

Os muito impedimentos que temos são, na verdade, as limitações impostas por crenças que assumimos como verdade. Nossos objetivos têm que ser organizados com razão e emoção, de modo a se perceber quais são as estratégias que serão utilizadas para se alcançar cada um deles. Objetivos bem formulados para períodos de curto, médio e longo prazos são atingidos quando a sua consciência sabe exatamente o caminho a ser percorrido.

VIGÉSIMO PRIMEIRO EXERCÍCIO:

- Repita vigésimo exercício;
- Faça um cartaz com os objetivos na linha do tempo, o passo a passo, e visualize-os como se estivessem acontecendo;
- Lembre-se de recortar imagens ou de desenhá-las para melhorar a memorização da mente criadora. Exemplo:

2021

2026

2026

Objetivo:
- Encontrar um bom relacionamento
Estratégia:
- Cuidar do meu bem estar
- Gostar da minha própria companhia
- Fazer terapia

Objetivo:
- Terminar a faculdade
Estratégia:
- Organizar horários de estudo
- Gostar do curso
- Responsabilidade

Objetivo:
- Comprar uma casa
Estratégia:
- Guardar "x" valor por mês
- Economizar em supérfluos

- Pergunte ao universo, para cada coisa boa que acontecer, "como pode melhorar ainda mais?".

COMANDO DO DIA:

Se nada fosse certo... se nada fosse errado... qual crença eu gostaria de soltar hoje?

Conclusão

Meu uso prático da Programação Neurolinguística dentro do âmbito terapêutico e escolar, para auxiliar na construção de um mundo melhor, propiciou o desenvolvimento de crianças e adultos para uma reflexão criadora com possibilidades reais de realização pessoal. Essa experiência foi para mim reconfortante e promissora.

O objetivo desse projeto é o de desenvolver um sujeito transformador que deve estar em constante busca pela melhoria do seu desenvolvimento pessoal, profissional e de seu conhecimento científico. O ponto de partida consiste no exercício da autoanálise com exercícios fáceis para seu aperfeiçoamento pessoal, com o intuito de auxiliá-lo em seu processo de despertar.

O presente trabalho é uma ferramenta simples da Programação Neurolinguística. Com os procedimentos propostos, é possível melhorar a proposta investigativa individual e melhorar a comunicação pessoal, em favor do desenvolvimento de crianças e adultos como cidadãos pensantes e críticos. Assim como se propõe a auxiliar e compreender o ser humano na sua particularidade, onde sua transformação começa a partir de si mesmo.

Este conhecimento permite que cada pessoa perceba que é criadora de sua própria vida. Inclui dicas simples de convivência com vistas a proporcionar dias com maior contentamento, independente de motivações alheias.

Cinthia de Andrade e Silva

Educadora e Terapeuta Integrativa

RT/PR 9095740

Curitiba – Paraná

Formação Internacional em Terapias Holísticas:

- Mestre em Reiki Usui Shiri Ryoho de Cura Natural
- Barras de Access Consciouness
- Processos Corporais Access Consciouness
- Thetahealing Basic DNA
- Técnica de Massagem Fisioenergética 4D Solama

Formação em Terapias Holísticas:

- Mestre em Reiki Xamânico
- Herbologia e Magia Natural
- Florais de Bach e Saint Germain
- Tarô com Magia Natural
- Sistema Arcturiano de Cura Multidimensional

Formação Acadêmica:

- Graduação em Processos Gerenciais
- Graduação em Pedagogia
- Especialização em Psicopedagogia
- Especialização em Programação Neurolinguística (PNL): Educação Sistêmica com Qualidade de Vida
- Especialização em Master e Training em Programação Neurolinguística (PNL)
- Educação em Valores Humanos
- Especialização Yoga com Biopsicologia

Atividade Profissional:

- Professora Ensino Público
- Terapeuta Integrativa
- Mestre e Professora de Reiki

Referência Bibliográfica

Material de Pesquisa Científica

DEMOTT, Ian Mc; O'CONNOR, Joseph. **PNL e Saúde –** Recursos da Programação Neuro-linguística para uma vida saudável. São Paulo: Summus Editorial, s.d.

O'CONNOR, J.; SEYMOUR J. **Manual de Programação Neurolinguística PNL** – Um Guia Prático para Alcançar os resultados que Você Quer. [s.l]: Editora: Qualitymark, 2000.

O'CONNOR, J.; SEYMOUR J. **Introdução à Programação Neurolinguística.** São Paulo: Summus Editorial, 1995.

SLAVIERO, V. A **arte da comunicação e expressão:** o que você não sabe que sabe... E é fundamental saber! 1. Ed. Curitiba: Appris, 2017.

VIDA. Instituto de Bem com a Vida. **Livro de Metáforas. Luz para todos os tempos.** Curitiba: [s.n.] 2020.